JN203299

歌集

フェルメールの光

大石和子

砂子屋書房

＊目次

I

II

装本・倉本　修

歌集　フェルメールの光

I

光る雫を

つばな咲く丘いちめんに翳りきて樹の間にとほき海の夕映え

ファーストシューズ履きたる孫が目を瞠るびわの葉先に光る雫を

梅雨明けの庭に差し来る朝光に透ける葡萄の房のむらさき

をりをりに夫はライターもてあそぶ禁煙一年やうやく過ぎて

苑に咲く紫陽花それぞれ噴水のしぶきに触れつつ藍ふかみゆく

落雷の闇に蠟燭ともされてカフェの客らたちまち親し

茄子ゐんどう南瓜の花の咲き満ちて貸し農園は初夏にはなやぐ

諍ひの後の夜ふけに煮るジャムの杏たちまち形うしなふ

それぞれの履き癖あらはに積まれゐる駅ビル地下の靴修理店

高層ビルの間の小さき地蔵尊いま束の間の夕つ日のなか

にびいろの濃淡かさなる遠山に夕光いくすぢ雲間より差す

貝のロザリオ

迫害の世を経て墓より出でしとぞ貧しき貝のこのロザリオは

とほき世のわれにし在らば踏みてゐむ銅板マリアの小さき像を

こころ重く殉教史館出でくれば庭の浜木綿しるき香はなつ

亡き義父らレンガを積みて築きたる田平教会いまわが仰ぐ

饒舌に夫らその母語り合ふ被爆死とほくけふ五十年

それぞれの記憶違へる義兄らも「きれかったね」とその母を言ふ

暮れてゆく平戸の丘に鐘ひびき被爆者悼むミサのはじまる

蠟燭の灯のいく百ゆらぐ聖堂にわれも点さむ逢はざりし義母に

繋がれつつオラショを唱へ逝きしとぞ中江の島の殉教者らは

原爆にその母亡くししかの夏を今なほ夫は子らに語らず

点字の聖書

遠どほに尖塔いくつ見えながらドナウの流れに列車沿ひゆく

宗教の荘厳ならず支配者の贅をつくせるメルク僧院

聖書説く老いし神父は危ぶまむ遠きこころに聞きゐるわれを

やすらはぬ心に受けしミサの葡萄酒がわが内めぐる音なき音に

とつとつとハイドンの一生語りつつ博物館長昂ぶりてゆく

指に辿りヘレンケラーの読みしといふ点字の聖書を畏れつつ見る

千年を経たる奏堂を充たしゆくショパンの「幻想即興曲」は

黄落のとき

ゆたかなる稔りの後のやすらぎに葡萄畑はいま黄落のとき

吊革の未だ揺れつつ仄かなる伽羅の香のこしひと降りゆけり

伽羅の香にたちまち亡き母よみがへるベッド固定の介護受けゐき

「アド」と名を呼べば必死に家族らを見回ししのち飼犬の果つ

出張の夫を見送り今からはわたくしだけの七十二時間

パンを焼く香りただよふ娘の家に目覚めつつ昨夜の饒舌悔やむ

きれぎれの声を撒きつつ轢き逃げの情報求めて飛行船ゆく

ホール　イン　ワン成しし夫の記念樹が盗掘されてその跡あらは

朝な朝な夫の愛でゐしヒメリンゴ掘られし庭に茫然と立つ

かさねゆく陶器の音の澄みきたり秋はたしかに深まるらしも

鬼やらふ三世代の声そろひつつ夫の低音ひときは太し

卓かこみ家族九人の七並べ幼稚園児もさながら勝負師

トランクに電子音いくつか閉ぢ込めて息子は赴任地タイに出でたつ

十階の歯科医の治療受けながらジャックの登りし豆の木探す

さきはひの季とし言はむ燦々と散りつづく黄葉の樹の下に立つ

落ちつづく木の実に池の面さわだちて群るる水馬ともに騒立つ

倒産せし社屋に残る自販機を寒き夜の月しらじら照らす

すがすがと明日は来るらむ枕べの檜のチップがかすかに薫る

エコ　ファーム

いちめんの棚田に夕光うつろひて垂れ穂の影を濃く淡く描く

落日は濃き雲押し上げ海の面を染めつつ男鹿の岬に消えつ

核燃料受容に大きく揺れゐたる村の山辺に風車そばだつ

回りゐる風車の数のおびただし六ケ所村はいまエコ　ファーム

百年を経し斜陽館の部屋のうち今なほ保つ贅のすがしさ

子の入水知らず逝きたるその母の太宰夕子と聞けば安らぐ

恩寵を受くるおもひの旅にゐる梅雨の間のいづこも晴れて

刈り終へし田ごとに蘖萌えたちてふるさと群馬はさみどりの中

畑なかに並ぶキャベツの青あをと結球かたく碧空あふぐ

減反の政策批判のゼッケンを胸に掲げて田に立つ案山子

ふるさとの友を見舞へば朗らかに群馬は鶴の形とぞ言ふ

畑占むる杉苗朝光浴みながらスプリンクラーの水にうるほふ

吾亦紅咲く高原に霧立ちてあふぐ妙義はたちまちおぼろ

伯林（ベルリン）

統一をよろこぶ民ら幾千が攀ぢ登りしとぞこのテレビ塔

残りゐる伯林（ベルリン）の壁の一部なりビルの間にさむざむと立つ

逃亡を謀り撃たれし人の名の並び記さるベルリンの壁

樹々の間に戦禍に崩れし屋並み見ゆ東ベルリン・スターリン通り

戦略的に造られしとぞ複雑に入り込む道路のタボール街は

移りきて

転宅を機会に捨てむ遠き日に母の仕立てし綿入れの夜着

マンションの暮しをねがひ越しきたり娘らの住む高層街に

電子音を聞き分けながら家事をせむ眼下の川の流れゆたけし

移りきて荒川の土手の春に会ふ杉菜スカンポ芒のみどり

朝靄の明けゆく土手にひびきつつスカル漕ぎゆく若きらの声

外語大のレガッタ大会それぞれの民族衣装に応援つづく

レガッタの終りし水面しづまりて浮かぶ木切れに川鵜らあそぶ

電飾のコード解かれし白樺はみどり増しつつパティオに勢ふ

娘の近くに住むやすらぎかカメラ持つ夫の散歩の範囲ひろがる

少年とその母の弾く連弾の「ボレロ」が夕べの居間ひたしゆく

咲き盛る薔薇を見て立つ小苑に微かに聞こゆるカリオンの音

磐谷(バンコク)

明けそむるメナムのほとり托鉢の少年僧らつらなりてゆく

自づから合掌しつつ挨拶す磐谷(バンコク)に来て三日目の朝

和を尊ぶ国に十年過ごしゐる息子ら日々のやすらぎを言ふ

望の月映るメナムを騒だててマーケットの舟たちまち遠し

娘の家族息子の家族と連れだちて夜のバザール時かけめぐる

育ちゆく少年ふたりに疲るるか娘の顔の時をりきびし

クワイ川見下ろす丘に群れてたつ無名捕虜らの朽ちたる墓標

あらあらとゴムの木伐られし広き野に日本企業のビルが建ちゆく

フロントガラス

すこやかに四十五年を過ごし来し娘がおだしく乳癌告ぐる

その夫と娘の話す治療の方針をただに聴きゐつ夫とわれは

娘の病みて車庫に動かぬワゴン車のフロントガラスを黄砂の覆ふ

身めぐりに祈りの声の満ちてゐむ娘よ繋げあなたのいのちを

夜々を眠れぬわれに嫁の言ふ「すべては神に委ねましょう」と

対岸の水のきらめきを娘の言へり夢のなかなる景色ならむか

意識なき母の耳朶に口よせて洋輔は大学の合格告ぐる

やがて来むわれらの老耄知らず逝く娘はゆたけき面輪のままに

喪の服に返礼しつつ裡に言ふ「天命なれば、天命なれば」

満ちたりし四十五年の生涯か娘の友ら献花しくるる

カーペンターズ

母亡きを言はずに過ごす少年がベッドにずらりと縫ひぐるみ置く

青年は今宵も聴くらしその母の好みゐたりしカーペンターズ

鬱うつと夫は家にこもりゐるこよなく愛せし娘の逝きて

つつがなき一日を希ひ行き来せむ二つの家のわれは主婦にて

モジリアニの「少女」の首の確かさよ心疲れて画集繰るとき

遠山の没りつ日テラスに送りつつわが回想の果てしもあらず

タイマーの命ずるままの一日よモカ・コーヒーにこころ放たむ

散歩の径に

レッスンを娘に強ひし日よみがへるソナチネ聞こゆる散歩の径に

春日差す道をひとりに帰り来つイースターの卵わが手に重く

葦群の角ぐむに似るかなしみよ月日を経つつよみがへるもの

黙ふかく夫は如雨露に水を遣る亡き娘の植ゑしレモンの鉢に

美容師の指に委ねて仰向けばシャンプー台に鬱ながれゆく

その母の手編みのベストを継ぎゆかむ背丈の伸びて洋軌十二歳

編み棒を動かすわれの傍らに少年寝転び「コナン」観てゐる

みどりより濃きむらさきに変貌す桔梗の蕾のひと日の営為

放置する自転車たちまち覆ひたり散り継ぐ並木の桜はなびら

月光に明るき道を歩みゆくスケートボード駆る少年と

時に黙す少年の心はかりつつ川風寄する道をつれだつ

対岸の一面しらしら輝けりパンパスグラスは落暉のなかに

ソーラー　パネル

娘の逝きてこころ萎えたる夫と見る蓼科の空はどこまでも藍

原村の休耕畑をおほひたるソーラー　パネルが夏日をはじく

渓ふかく流れの細きひとところ占めて青々クレソン勢ふ

散りしきるアカシアの花に紛れつつ無言館への坂道のぼる

幼子への遺品なるべし展示さるる葉書に飛び立つ「隼」一機

無言館を訪ひたる後の黙ふかしそれぞれの吐息車中に満ちて

わが窓に差し来るしろき月光は冬木の影を折りつつよぎる

十薬の花しらしらと台風のすぎたる道につよき香はなつ

その笑みにわが添ひゆかな棚にをく円空仏を拭き清めつつ

黙しつつ抗ひつつもひそやかに少年のこころ育ちゆくべし

祖母なればゆるりと受けむ青年の寡黙の日々も食ほそき日も

兆し来る鬱よ消えゆけ昏れてゆく街に色こきクレマチス買ふ

遊覧飛行

クリスマス　イヴの夜空を飛ばむとぞ兄に招かれ舞浜に来つ

夕潮のかをり吹きくる舞浜のポートに遊覧ヘリコプターを待つ

電飾に輝く尖塔いま越えてわがヘリコプターは星空めざす

ビル街のきらめく間くらぐらと皇居の森のふかき鎮もり

窓とほく眼下に灯る点と線はベイブリッジらしかすかに揺らぐ

降り立ちてポートにあふぐ寒空のただに清しも星の光は

北風になりし娘か窓の辺にわが読む『帰潮』のページの揺るる

漸くに供花買ふことに慣れしとぞ亡き娘の夫に二年の過ぎて

檸檬のふたつ

晩春の朝光の差すベランダにふくらみて来し檸檬のふたつ

さりげなき言葉にわれを温めて君は一気にワイン飲み干す

半世紀を経て真向へば君もまたわが来し方を貌に測るや

耳たぶのほてりを夜空にさらしゆく垣の山茶花ときをり揺れて

内容を問ふたびビミョウと応へては『ハリー・ポッター』少年の読む

おろかなるわが焦躁か乾きたる庭にほつほつ水仙つのぐむ

差し来る朝のひかりに窓までの霜の粒子らかがよひ止まず

鎮まれる聖堂（みだう）の空気をうごかして人びと手話に讃美歌うたふ

説教を手話に為しゆく青年のゆびの動きが聖堂を統べつ

すがやかに老いたる友を羨しめば過ぎし労苦の歳月かたる

数多なる苦しみ経つつ得たるもの友の穏しさこの微笑みも

東日本大震災後　アリーナを訪ふ

とりどりの和紙に茹で卵つつみゐる明日は届けむ被災者たちに

励まさむ心ととのへ携ふる避難者たちへのイースター　エッグ

訪ひ来たる避難所アリーナ思ほえず被災者たちの笑顔に出会ふ

原発を恃みてわれらの日々ありき電飾の木々華やぐ街も

塩害を受けし稲穂が夕光にかがやきゐたり今日のテレビに

シーベルト値高き刈田に横たはる案山子ら午後の青天あふぐ

足取りかろし

その母の在らばともはや想ふまじ汝が少年は高校生となる

土手あゆむ足取りかろし先々につくし菜の花なづなの萌えて

一点鐘のひびき聞きつつ恙なく過ごしし寺町の歳月おもふ

頑張れと叱咤の多く育てたる息子のメールに「無理はするなよ」

梅雨明けの夜ふと思ふ方舟がアララト山に着きし日のこと

黄の色にハイビスカスの咲きつぎてこの旬日のわが恙なし

はつ夏の窓に月光さしこみてパン種ゆっくりふくらむ気配

喜びはその背に見えてホームレスたりし若者いまし受洗す

束の間に過ぎたる雨か午睡より吾が目覚むれば木々は雫す

ひたすらに学び来たりし日々なりき孫の洋輔けふ二十歳

フェルメールの光

没つ日にかがよふ窓のあの部屋に夫病みゐつ五月の日々を

フェルメールの光にやうやく巡り合ふ夫の余命を知りし春の夜

片蔭の道を選びつつ通ひたり夫の臥せるホスピスまでを

咲き盛る菜の花畑に入りゆかな遠きかの日を呼び寄せながら

病む部屋に夫はときをり見入りゐつ紫だてる秩父の山を

夕映えの空に時間をあづけなむ騒だつ心の鎮まるまでを

恩寵の内にありしか夫の掌つつみて語りしあの日の午後は

ぬくもりを保つ夫にふれながら医大に献体番号を告ぐ

医学生の添ひて夫の柩ゆく聖堂(みだう)に流るるレクイエムのなか

街川の水面に浮かぶ花びらの翳を置きつつ動くともなし

時をりの夫との齟齬をかなしめど彩りくれしわが日常を

昏れなづむ荒川土手をあゆみゆく裡なる夫と語り合ひつつ

いづくかに蜻蛉は向かふ夕光に羅の群なして頭上を過ぎる

献体

待ちゐたる夫のみ骨を迎へむと行く麦秋の医大への道

献体の謝辞をうけつつ温もりをいまだ保てる骨壺いだく

おごそかにみ骨の夫は居間に在り希ひし献体の役目果たして

それぞれに家族は帰りひとり見る音なく上がる遠き花火を

ふるさとの大屋根のもとの歳月をただににれかむ心さむき日

雨の夜は夫の声を聴かむかな留守番電話にたもつ言葉も

夜の更けさやかに白雲棚引けり共に仰ぎしあの日のやうに

寒き夜にふとしも想ふ弟子たちの足を洗ひしイエスのこころ

キリエ・エレイソン

夫より去年贈られしブラウスに出でゆかむかな友の招きに

知る人のなき村里に友と来てベル合奏のメサイアを聴く

澄み透るベルの音色の包みゆく檜の匂ふ木の奏堂を

強張れるわが背ゆるゆる緩み来つベル合奏に浸るこの宵

終曲は希ひし「キリエ・エレイソン」逝きし夫の何処に聴くや

ひとひらの雲に夫をなぞらへて暮れゆく里に時を惜しめり

華やぎのなかに畢れる生や良し極まる色に紅葉ちりつぐ

わが好むくれなゐの葉を掌に包む小さき穴のいくつもあれど

みづからを問ひつつ歩む冬木々のあはひに蠟梅かすかに匂ふ

薔薇のかをり

祈りつつ今し夫を納めたり薔薇のかをりのただよふ墓苑に

過去形に家族ら夫を語りゐる現在形に聴きたきものを

夕暮れの道をふんはり綿毛ゆく風に添ひつつ風に逸れつつ

みどり濃き木下の闇にひろひたる柿の病葉いまも艶めく

先立つを知る由もなくゆたかなる笑みにマリアは幼子を抱く

暑き日の午後を木蔭に憩ひつつ寄り来る鳩と豆を分け合ふ

若きらの集ふカフェの一隅を占めて老いらのこの華やぎは

濃緑のゴーヤ勢ふベランダに増しゆく茜の雲をたのしむ

水音をききつつ木の橋渡りゆく蜻蛉と蝶の翳に添はれて

冬の日の差し込む部屋に和みゆく友らとヨブ記を輪読しつつ

その母の作りし枕かかへ来つ洋輔われとの暮し希ひて

若者のセーター・ジーンズ収まりてクローゼットの中は虹色

煮凝りの鮃は小鉢に琥珀いろ孫との夕餉にぷるんと透けて

写真を選ぶ

芽吹きたるメタセコイアを仰ぎゆくあり得ぬ邂逅希ふともなく

かたはらに置きたき写真を選びつつ次つぎ湧きくる夫との日々

記憶をも捨つる想ひのなかにゐつ終日アルバム整理をしつつ

ほどほどの歳月積み来しわれならむ捨てたき写真一葉もなし

あらあらと枝削がれゐし梧桐に若葉萌え立つ声挙ぐるごと

飾りゆく目鼻かそけき古雛ら退きたき希ひのあるかも知れず

夜の更けのベランダに差す月光にむくろの蟬の蒼く艶めく

譲られし席にたやすく眠るなど慣ひとなりぬ今年の秋は

ともなひしをとめの顔の輝きにわが洋輔のけふの饒舌

空く椅子

夫あらば歌ひゐるべし聖歌隊のベースの席にひとつ空く椅子

たれかれに告げ得ず土手にあふぐ空冬の夕日に懊悩放つ

遠山は紫だてるシルエット今し聴きたしオルフェウスのリラ

八歳よりタイに住みゐし孫娘日本の若者言葉あやしむ

パソコンに交通手段を組み立てて萌乃は大学受験に向かふ

朗報を得たる萌乃をともなひて仙石原に夕つ日おくる

朝光をみだして翔びゆく椋鳥の集散のさましばし見て立つ

高空のいづこに娘は住むならむ丘に見上げる全天の藍

われの身の透き徹るまで丘畑の菜の花群のなかに佇たむか

ケーキ屋の前に列なす若きらを見つつ行きたり投票所まで

大学の入学手続なしおへて洋輔たちまちパソコンの日々

画面上にしばし競ひて落札すかのデジタルカメラ今われのもの

「和」を保つ一生にあれよと父母のつけしわが名の時に疎まし

母の日に贈りくれたるスカーフに出でゆく娘の友の招きに

向日葵のかがやく迷路あゆみゆく拒まれながら従ひながら

連なりて駆けゆくバイクの轟音が向日葵畑にしばしこだます

ベランダに憩ひゐたりし老い逝きて籐椅子ひとつ夕光のなか

音もなく手と手の会話つづけつつ満面にゑむベンチのふたり

昏れてゆく道に峙つ発光体ミモザは大樹に盛り上がり咲く

III

「Yes, I can」

亡き夫と娘への想ひを放ちなむ息子の招きに盤谷(バンコク)へ発つ

ひとり居の日常とほしタイに来て子の家族らとかこむ食卓

連想ゲームの様に英単語紡ぎつつトルイス聖堂に説教を聴く

ＩＴ化の加速に因らむ町なかの電線いく重からみて撓む

よしず張る床屋に老いら話しつつ将棋さしつつ散髪をまつ

やはらかきこころの時を重ねつつ息子夫婦とめぐるバザール

ならび立ち寺域にあふぐ蒼穹に綿雲ふはりふはり移ろふ

知る人のなきチェンマイに憩ひゐる水かけ祭りに声挙げながら

勢へるデモ隊見つつこのガイド「タクシン支持」を切々と説く

吾もまた大きく声を挙げむかな「Yes, I can」さう何度でも

中ぞらを遅れて翔ける白鷺が夕日あみつつ群れに入りたり

帰天す

燦々と窓のつゆじも輝けり朝光のなかのビル街ゆけば

艶のなき貌あやぶめばわが友の神父は明日の入院を言ふ

自らの残らむいのちに触れずして末期の膵臓癌をゆったり話す

天恵の内にありたり癌研のカフェに語りしあの半時は

ベランダの氷柱かがよふ昼すぎに長き誼の神父帰天す

ゆたかなりし七十年の履歴聴く聖堂にミサ曲ながるる中を

さりさりと幽けき音につながれてみ骨は小さき壺に入りゆく

心ふかくわれは保たむバリトンの声に受けたるやさしき言葉を

いま在さば朗ら朗らに歌ふべし茶房に流るる「マンマ」の曲を

ひとつ又ひとつ灯りの消えてゆく夜更けのマンション街衢の窓は

井上ひさしは

森ふかき道にたわみて胡桃の実栗の実枸杞の実色づき初めぬ

山の辺にむべの実いくつか色づきぬ手折りくれたる人はやも亡く

「所有者の無きゆゑ月は美しい」とほき日井上ひさしは言ひき

病む友のこころの在り処想ひつつ玻璃のごとき眼怖れず見舞はむ

「笑顔度」を機械に測られアルバイトの決りしを言ふ学生萌乃

樂堂に聴く「カルメン」の全曲に心をあづけて過ごすこの夜

捨てられぬ母の仕立てし古夜着が冬日にふくらみ午睡を誘ふ

この角を曲がれば聞こえ来る気配逝きたる夫のあの口笛が

廃屋の荒れし広庭みどり濃き繁みのなかに枇杷の実ひかる

行く道の青ぞら映すにはたづみたちまち幼らの遊び場となる

駅頭のガイドマップを見るわれに見知らぬ少年スマホに示す

いつにても客なき理髪屋いく日を経ぬうちパブになりて賑はふ

日すがらを客待ち顔にゐし老いの理髪師いづこに時を過ごすや

凜として「人生はひとりでも良し」と言ふ百三歳の篠田桃紅

湧き立てる夕靄に桃畑けぶるときわが越え来たる歳月おもふ

黒谷の里

舞鶴の引揚げ記念館めぐりゆく凝れるこころ励ましながら

展示さるる白樺の樹皮に記されし数多の歌見つただに畏れて

極寒と極貧のなかシベリアに歌を詠みつつ生きたる人よ

生きること即ち妻子を想ふこと作歌を支へし糧となりしは

白じらとグンゼの工場群のありかつての繁栄の跡を留めて

とほく来し黒谷の里に聴きてゐる楮が和紙になりゆく過程

転職をせし若者が活き活きと和紙に仕立てし着物を示す

暮れてゆく流れゆたけき由良川の橋にほつほつ灯の点りゆく

白蓮の隠れ棲みたる由良川のほとりの茶寮に夕卓かこむ

濃き靄を分けつつ車の通りすぐ束の間尾灯の色の滲みて

しづもれる湖面にその影映しゆく揚羽はさながら唯我独尊

飛びたたむ風を測りつつ蒲公英の冠毛土手にゆれては止まる

ＬＥＤの灯の明るさよ村道を行きつつ遥けきガス灯を恋ふ

長澤一作先生

一年を経て『松心火』開きたり今なほ寒きこころのままに

宝登山に咲く蠟梅に顔よせて先生ひたすらかをり愛でゐき

霊苑に蠟梅咲くかとつぶやけば「咲いてゐるよ」と先生のこゑ

ベランダにはるか望みて挨拶す富士山麓に先生おはす

先生の好みしブリューゲルの絵に対ふされどかの日の心戻らず

夜の更けてしづもり深き中ぞらに耀ひやまず弓張月は

「鳥の歌」

エノラゲイのプラグが落札されしとぞ米国人に「原爆」とは何

あらはなる背に青蛇のタトゥー見ゆ電車降りゆくこの美少女の

夜の更けの渋谷に遊ぶ若きらよ明日はソドムに化すかも知れぬ

月明の舞台に世界の平和をと「鳥の歌」舞ふ森下洋子は

しなやかに確かに森下洋子舞ふ初老の体に鞭うつともなく

熱風を先立てて人ら入り来たり炎暑の午後をカフェに憩へば

駅前をたちまちデモ隊占めてゆくそれぞれの主張を高く掲げて

若きらが拳ふりあげ叫びゆく「改憲の暗愚」「政治変えよう」

とほき日のキング牧師とガンジーの行進おもひデモ隊目守る

ルイ神父

認知症の兆しのありと敬ひゐし神父が不意に任解かれたり

障害者貧しき人らに六十年ひたすら尽くしし神父なれども

見送りの幾十人かと握手するルイ神父の笑みあまりに優し

碧空を上りゆくエアーフランスのいづこの席に神父在すや

青天に向ひ螺旋の蔓伸ばすツターカーメンの緑のそよぎ

清流の水面を抽きて梅花藻の花のいくつもゆらゆらゆらぐ

わが日々に豊けきこころ満ち満ちよ雨ふる今宵は「詩篇」を開く

釜石を訪ふ

聴くよりも話すを好むわれに課す傾聴ボランティアのこの幾日か

いくつかのビルの残骸見えながら草野に際立つ山百合の白

哀しみを裡に潜めゐむ人々とお茶っ子サロンに笑顔を交はす

集ひ来し人らやすらふ表情にそれぞれのバッグを紙紐に編む

釜石の仮設居酒屋「鰤大根」太ぶと書かれし暖簾をくぐる

汚染土の入りし袋の裂け目より菜の花一茎直ぐに咲きたつ

椎茸の榾木にセシウム値しるされて若葉まぶしき林に並ぶ

林道の土がふかぶか掘られゆく数多の幼虫棲みゐむものを

廃屋となりたる庭の熟れ柿が夕日のなかに百の灯となる

迫害をのがれ遠野に祈りしか古刹の庭隅に立つマリア像

台風の去りしこの宵街ぞらにほほずきいろの月のぼり来つ

歳時記

快晴の秋ぞら直ぐに昇りゆく航跡たちまち藍を二分す

夕街を初老のひとの抱へゆく薔薇は誰のこころうるほす

旅びとの耳としなりて聴かむかな水面をゆらし過ぎゆく風を

夫あらばたやすく会話生まれむを鍋に豆腐の踊り初めたり

みどり濃き木陰の椅子にわが座る似顔絵を描く学生の前

口の端のほくろ眉間の皺二本たちまち描かるるわれの素顔は

秋空の果てなき碧さ土手歩むわれに降り来よホメロスの詩(うた)

亡き父が常に繰りゐし歳時記に引く傍線の細きもありて

隣席に顔寄せコーヒー飲む老いの遺産の話は複雑らしき

テロメアの長さに決まる命とぞさはれ無添加食品えらぶ

さりげなく会話かはせどわが心の遠きをすでに悟るか君は

信号を待ちつつ憩ひし緑陰の失せゐつ欅の大樹伐られて

高齢者の住宅ちかきバス停に日を浴む古き木の椅子ふたつ

商談の不調なりしか残りゐる若きが茶房に目を閉ぢゐたり

梅雨の間の光あまねき池端に大亀小亀ひたすら眠る

あのやうにほっこり老いてゆかむかな君住む街を車窓に見つつ

水無月

やうやくにわが煩ひのやはらぎて夕焼け空に柚子の実まぶし

まなこ閉ぢ鋭く聴きわけむ土手に鳴る風は亡き娘の声運ぶらし

いつしかに身に添ひゐたり笑みながら二十の孫に苦言いふ術

齢(よはひ)をつみし幸とし言はむ避けゐたる人への想ひいつか消えゐつ

夕光を全きかたちに享けながら花水木の花風にあらがふ

朝の道に仰ぎし花びら没つ日のさす街川に群れてたゆたふ

あふぎ見る辛夷の花のかがやきはわが決断をしきりうながす

雨あとのポプラの樹下に聴きゐたりかすけき雫のアンサンブルを

天狗山に見下ろす岬のひろやかに石狩湾のきらめきやまず

小枝をも手当てされたる山ざくら万の花かかげ聖域たもつ

わが肩につき来しさくらの花びらがロッジの床のほのか明るむ

充足に言葉はいらぬゆく道の山毛欅の葉群のさやさや揺れて

夕つ日に染まる小樽のウオール街ときの間かがやき忽ち暗し

繁栄の跡を留むるパブに飲むワインは白きかのナイアガラ

冷蔵庫のなかにも水無月めぐり来て賜ひし枇杷と白桃ならぶ

あとがき

この『フェルメールの光』が歌集にでき上っていく過程を考えるとき、たまたま出会った未知の人から人への繋がりが、かくもわたしの心を豊かに育ててくださっている不思議さを思い、粛然となります。

一九九三年の夏、六十歳を目前にしていたわたしは思いがけなく九十歳の主婦が上梓した歌集『長き坂道』を読む機会に恵まれ、そのときの感動がわたしの作歌の原点となりました。それは「短歌は読むもの」から「短歌は詠むこともできるもの」への導きとなり、以来二十年余りを経たいま、呟きのように詠んで来たわたしの歌が歌集になる作業をしながら、初心者のわたしを指導し、支えてくださった方々への感謝の心に満たされます。

歌集『長き坂道』に出会ってから半年後の一九九四年の春からわたしは「NHK短歌教室」で長澤一作先生のご指導を受けることにいたしました。

＊作歌は一瞬の心揺らぎを捉えることであり、表現は常に通俗を越えて詩化させることである。

＊まず自分の歌論を持つように。自分の羅針盤を持ち己の歌の方向を探すように。

これが長澤先生からうかがった最初の歌論で、内容はほとんど理解できずにすこし怯みましたが、受講生五十首の作品をつぎつぎ添削されてゆくのを見聞しながら、厳しい言葉のなかに先生の豊かなお人柄に触れる思いがして、不思議な感銘を受けました。

また、先生が話された「作歌は始めてから五年が勝負」に触発され、「秀歌を読むように。茂吉の歌と歌論。佐太郎短歌と歌論をしっかり読むように」とのお勧めにしたがい、しだいにわたしの読書は短歌に関係あるものに変わっていきました。

以来、学ぶ楽しさ、語彙の増えて来る楽しさ、いつもアンテナをはりめぐらせておきたいとねがう生活を送るようになり、しだいに歌作りに魅かれていき、やがて「運河の会」に入会し、歌会に出席するようになりました。

そこで川島喜代詩、山内照夫先生のご指導を受けながら多くの先輩、歌友とともに学ぶ機会を得て、歌評の難しさ、作歌の苦しさを知りましたが、じぶんの想いを三十一文字に托す楽しさも覚えるようになりました。

また好奇心のままに「運河賞」への挑戦をし、そのハードルの高さに驚きましたが、佳作、次席を経ながら挑戦すること六回、ようやく受賞することができました。

けれども、受賞時にある選考委員の方から「大石作品は運河調を全うした作品。それだけにじぶんの翳をうちだすことが今後の課題になろう」というアドバイスをいただき、じぶんのなかにこのような好奇心が潜んでいた「わたし」に驚きながら、またもあらたなる試みをはじめました。

一方、「運河の会」では広林集の欄になると歌稿の添削はなし、自選でという決りがあり「長澤教室」も閉講し、お教えいただくのは歌会のみとなりましたので二〇〇〇年以後の作品は自選となりました。

その頃、長澤先生から歌集上梓のお勧めを受けましたが「じぶんの翳をだすため」の模索をしておりましたので、もうすこし研鑽を積んでからと思っておりましたところ、長澤先生がお亡くなりになり、歌集の件は意識の外に置くことにいたしました。

その矢先、短歌新聞社の「第二回現代短歌社賞」の募集を知り「独りよがりのわたしの歌が、短歌界で通用するのか」を確認したい思いで、初心時からの作品約八百首余りのなかから三百首を手探り状態のまま自選し、応募しました。その結果、思いがけなく佳作に選んでいただき「現代短歌」に掲載された選考過程の記事のなかの雁部貞夫先生の短歌観に心が動かされ「現代短歌社賞」の受賞式で雁部先生にお目にかかりました。その瞬間、この先生の受講への願いが湧きあがり、読売カルチャーセンターの「短歌教室」に入会させていただくことにいたしました。

けれども、そのときは雁部先生が新アララギの代表であり、登山家であり、多くの著書を出していらっしゃることなど何の知識もありませんでした。

先生の講義は、まず受講生に歌評をさせ、そのうえで添削指導をなさる形で進行しますが「無闇に改作はしない」を原則として、助詞ひとつの使いかたの大切さを真剣に探す姿勢を教えてくださり、広い視野で読んでくださいますので、入会以来、わたしは緊張感とともに大変充実した時間を過ごしております。

受講して一年を過ぎた今年の春、先生は「短歌新聞社賞」に応募いたしましたわたしの作品集の上梓を勧めてくださり、背中を強く押してくださるようになりました。初めはかなり躊躇いたしましたが、わたしの年齢を考えてのご配慮かと思い、長澤先生が雁部先生に託してくださったのか、とも思い、このたび上梓することにいたしました。

そこでご多忙な雁部先生に選歌をお願いし、先の三百首に百首を加えたなかから三百五十首について丁寧な添削をしていただき、歌が歌集に変貌してゆく過程も教えていただき、帯文まで書いていただきました。

本当にありがとうございました。

歌集名は「フェルメールの光にやうやくめぐり合ふ夫の余命を知りし春の夜」から選び、一九九八年から二〇一六年の夏までの作品の大方を年次順に収めました。

わたしには七十代に（Ⅱ）を占める歌群のような、試練の歳月もありましたが、お蔭さまで長澤先生、同人の先生方、多くの友人達の支えと励ましによって乗り越えることができました。その折に心をお寄せくださいました多くの方々に改めて御礼を申し上げます。

これからのわたしがどのような老いを積む生活になるか判りませんが、皆様に、支えていただきながら、時々の心揺らぎを三十一文字に託し、ジャンルを問わず、多くの方々と楽しい交わりのなかでの月日を重ねていきたいと念じております。

最後になりましたが、わたしの初めての歌集の出版をお引き受けいただきました砂子屋書房の田村雅之様と装丁の倉本修様に深謝を申し上げます。

二〇一六年　盛夏

大石和子

著者略歴

一九三四年　群馬県生まれ

一九九四年　長澤一作「ＮＨＫ短歌教室」入会

一九九五年　「運河の会」入会

二〇〇〇年　「運河賞」次席

二〇〇二年　「運河賞」受賞

二〇一五年　雁部貞夫「よみうりカルチャーセンター短歌教室」に入会

フェルメールの光　大石和子歌集

二〇一七年二月一日初版発行

著　者　大石和子
　　　　埼玉県戸田市南町五―一―六〇二（〒三三五―〇〇二五）

発行者　田村雅之

発行所　砂子屋書房
　　　　東京都千代田区内神田三―四―七（〒一〇一―〇〇四七）
　　　　電話　〇三―三二五六―四七〇八　振替　〇〇一三〇―二―九七六三一
　　　　URL http://www.sunagoya.com

組　版　はあどわあく

印　刷　長野印刷商工株式会社

製　本　渋谷文泉閣